Lk" 21

RAPPORT

FAIT

AU CONSEIL COLONIAL DE L'ILE BOURBON

Dans la séance du 25 juin 1845,

AU NOM DE LA COMMISSION CHARGÉE D'EXAMINER UN PROJET

DE

Tarif des douanes pour la colonie;

ET

OPINION DU CONSEIL DES DÉLÉGUÉS

Sur les bases qui lui sembleraient devoir être adoptées pour le tarif des droits de douane à l'île Bourbon.

———

Paris,
IMPRIMERIE DE GUIRAUDET ET JOUAUST,
RUE SAINT-HONORÉ, 315.
——
1846

Au moment où le Ministère de la marine va présenter aux Chambres son projet de loi concernant les douanes de l'Ile-Bourbon, les délégués de cette Colonie croient faire une chose utile en publiant et en faisant distribuer à Messieurs les membres des deux Chambres l'opinion du Conseil colonial de l'Ile-Bourbon sur le projet du gouvernement.

Nous ne faisons d'ailleurs en cela que nous conformer au vœu de la législature coloniale, qui, par dépêche en date du 13 septembre 1845, invite les délégués à livrer à la publicité le Rapport élaboré dans son sein, et adopté par elle à l'unanimité moins une voix, dans sa séance du 12 juillet 1845.

Nous avons joint à ce Rapport l'opinion qui

avait été émise par le conseil des délégués, le 2 février 1844, sur la même matière.

La réunion de ces deux documents rédigés sur deux projets différemment formulés, quoique identiques au fond, nous paraît propre à faciliter l'étude que les Chambres vont être appelées à faire, et à éclairer leur vote.

RAPPORT

FAIT

AU CONSEIL COLONIAL DE L'ILE BOURBON

DANS LA SÉANCE DU 28 JUIN 1845, AU NOM DE LA COMMISSION CHARGÉE D'EXAMINER UN PROJET DE TARIF DES DOUANES POUR LA COLONIE (*).

MESSIEURS,

La Chambre des députés, dans sa séance du 12 février dernier, a adopté, à la majorité de 219 voix contre 23, un projet de loi qui règle définitivement le tarif des douanes à la Martinique et à la Guadeloupe.

L'organe de la Commission chargée de l'examen de ce projet avait, dans le cours de la discussion, émis le vœu que des dispositions analogues fussent proposées pour la Guyane et pour Bourbon; il avait été également formulé par une précédente commission.

Monsieur le Ministre de la marine s'était dès lors mis à même de répondre à ce vœu; et, à cet

(*) Commission : MM. Ch. Desbassayns, président; Ruyneau de Saint-George, de Rontannay, Vinson, Sénac, Fitau, De Greslan, rapporteur.

effet, il avait fait préparer, comme mesure transitoire, un projet d'ordonnance royale applicable à notre colonie, et qui a été préalablement communiqué à monsieur le Ministre du commerce et au Conseil des délégués.

Dans le cours de la précédente session, et sur la proposition d'un de nos honorables collègues, le conseil colonial avait chargé une Commission prise dans son sein d'examiner ce projet, dont la communication officieuse lui avait été faite, et de provoquer, s'il y avait lieu, les observations qu'aux termes de l'article 10 de la loi du 24 avril 1833 la représentation locale pouvait avoir à faire sur ses dispositions les plus importantes.

Le départ pour France du conseiller qui devait être l'organe de cette Commission a mis obstacle à l'élaboration de ce travail. La Commission a été complétée par vous ; elle a eu de nombreuses conférences auxquelles ont assisté, sur sa demande, plusieurs hommes spéciaux, monsieur l'inspecteur chef du service des douanes et trois membres de la Chambre de commerce désignés par cette Chambre à cet effet ; et elle nous a fait l'honneur de nous choisir pour être son rapporteur.

Nous venons vous rendre compte de ses délibérations.

Monsieur le Ministre de la marine a parfaitement compris que si la coordination des tarifs des Antilles et de Bourbon était utile et désirable, une complète assimilation était rendue impossible par la différence des positions géographiques de ces trois colonies et par la diversité des besoins qui en sont la conséquence.

Une dépêche, sous la date du 30 décembre 1843, qu'il adresse à monsieur le Ministre du commerce, contient à cet égard des considérations développées, et qui révèlent, vous le constaterez, comme votre Commission, avec plaisir, non seulement une saine appréciation de notre situation, mais encore les intentions les plus bienveillantes, et la manifestation du désir de les réaliser aussitôt et aussi largement que possible.

D'un autre côté, nous devons vous dire que l'examen de la loi faite pour les Antilles au sein de la chambre élective s'est soutenu, pendant plusieurs séances, en dehors de ces discussions si vives et si passionnées que naguère le seul mot de colonies réveillait trop souvent.

Ce bon vouloir du Ministère et cette attitude du pouvoir législatif garantissent à la législation qui nous concernera plus tard une formulation élaborée avec sollicitude et une appréciation calme et impartiale, en même temps qu'ils promettent un accueil favorable à vos réclamations.

Avant d'aborder l'examen détaillé des articles du projet, au nombre de dix-sept, avant même de vous soumettre les observations générales qui doivent précéder cet examen, votre Commission croit devoir fixer votre attention sur la forme dans laquelle le projet vous est présenté.

C'est celle *d'une ordonnance royale*, et la dépêche ministérielle que nous avons citée fait connaître que l'intention de monsieur le Ministre est de statuer d'abord sous cette forme, provisoirement et comme par mesure d'essai, et de donner plus tard au tarif le caractère d'un *projet de loi* que les chambres législatives devront discuter.

Il a semblé à votre Commission que l'importance de la matière et la nécessité d'assurer à l'œuvre ministérielle une complète sanction devaient vous porter à exposer vos scrupules sur la légalité de cette formulation. Elle pense que la délégation faite au pouvoir royal par la loi de 1814, ne concernant que les modifications à faire au tarif dans l'intervalle des sessions législatives, ne peut s'appliquer à l'établissement *à priori* du tarif lui-même, et qu'à plus forte raison elle ne saurait s'étendre à l'élaboration de tout un ensemble de dispositions organiques. Monsieur le Ministre de la marine lui-même, dans la dépêche déjà citée et dans des notes qui accompagnent le projet, élève des doutes à cet égard.

A l'occasion de l'exigence de l'acquit à caution, à laquelle jusqu'ici la colonie de Bourbon n'avait pas été soumise, il s'exprime ainsi : « Il s'agit de » savoir si l'obligation de l'acquit à caution peut » être établie par une ordonnance qui a pour base » unique la délégation du pouvoir législatif con- » tenue, en matière de tarif, dans la loi de 1814. »

Ailleurs monsieur le ministre dit encore : « Il » me paraît évident que cette délégation ne saurait » s'étendre aux mesures qui intéressent directe- » ment le régime des douanes ; et qu'à cet égard,

» aux termes de l'article 2, § 5, de la loi du 24 avril
» 1833, c'est seulement avec le concours du pou-
» voir législatif qu'on peut y pourvoir pour les co-
» lonies comme pour la France. »

Remplacer les décisions particulières qui constituent actuellement notre régime douanier par une ordonnance transitoire ne serait-ce pas recommencer sous une autre forme le provisoire, qu'il est si important de faire cesser ?

Au reste, messieurs, comme c'est sur le fond, et non sur la forme du projet, que vous êtes appelés à faire entendre vos vœux, cette matière n'étant pas réservée au décret, vous jugerez sans doute convenable de ne pas vous arrêter plus long-temps sur cette question, qui nous a paru tranchée dans le sens de la légalité par monsieur le Ministre lui-même.

Votre Commission doit maintenant vous expliquer sous quel point de vue général elle a envisagé cette partie de la législation, et quels sont, d'après elle, les principes dont vous devez faire ou provoquer l'application.

Les voici résumés en peu de mots :

Consolider le système de protection et de réciprocité sous lequel vivent les colonies par une complète exécution du contrat qui les lie à la métropole.

A cet effet, favoriser l'industrie nationale, à l'exclusion de l'industrie étrangère, en ne recevant que les marchandises de la métropole, et en n'exportant que chez elle nos denrées.

Favoriser également la navigation nationale, en lui assurant le privilége du transport de ces marchandises, soit à l'importation, soit à l'exportation ; dans la navigation de concurrence, lorsqu'elle est absolument inévitable, privilégier encore le pavillon national par l'établissement d'un droit différentiel.

N'admettre d'exception que dans un très-petit nombre de cas expressément déterminés, et qui sont la conséquence forcée de la situation particulière de la colonie.

Après avoir posé ces bases inflexibles des résolutions auxquelles elle s'est arrêtée, votre Commission s'est attachée à résoudre le problème de l'élargissement des rapports spéciaux que notre île entretient avec les régions qui l'environnent.

Là encore, la législation douanière doit chercher à atteindre un double but :

Favoriser l'intérêt colonial dans l'écoulement ou l'importation des produits de son sol que la colonie ne peut envoyer en France, ou des produits que la France ne peut absolument lui fournir ; mais assurer en même temps aux navires qui attendent un chargement des voyages intermédiaires plus avantageux, et engager ainsi le commerce dans un courant maritime plus régulier et plus étendu.

La position géographique de Bourbon se prête merveilleusement à cette extension de rapports : placée qu'est notre île sur le chemin de l'Inde, de la Malaisie et de la Chine ; dans le voisinage de

Maurice, qui peut rendre la vie à un cabotage important ; à une petite distance de l'archipel Malgache, sur lequel, y compris la grande île Madagascar, la nation a des droits incontestables et incontestés, et qu'il faut préparer par la propagande commerciale à recevoir un jour la domination française ; de l'archipel des Comores, où flotte notre pavillon ; des possessions arabes de la mer Rouge et de la côte d'Afrique, qui provoquent notre présence ; et du continent africain lui-même, trop peu exploré par nos navires.

Des habitudes anciennes et non effacées peuvent encore concourir à cet élan commercial.

Nous allons maintenant passer à l'examen détaillé des articles du projet.

ARTICLE 1er.

Cet article soulève une discussion d'un haut intérêt et qui n'a été qu'effleuré à la Chambre des députés, lors de l'examen de la loi des douanes des Antilles. Je pose en principe l'exemption du droit d'entrée sur les marchandises venues directement de France par navires français.

Tout d'abord, messieurs, et considérée dans l'état actuel des choses, tel que l'a fait la loi du 25 juin 1841, cette disposition n'a pas seulement le mérite d'être libérale ; elle présente encore le caractère d'un acte d'abandon et de générosité de la part de la métropole, la perception du droit d'entrée se faisant, dans la colonie, pour le compte et au profit du trésor de l'état. Sous un autre point de vue, cette franchise semble devoir être favorable aux contribuables de cette colonie. Le premier mouvement de votre Commission, et ce sera sans doute aussi le vôtre, a été de rendre pleine et entière justice aux intentions des rédacteurs du projet ; mais il n'a pu l'empêcher, et il ne vous empêchera pas, de réfléchir sérieusement sur les conséquences de cette supression de droits. Elle a été unanime pour vous proposer d'en repousser l'octroi, dans la mesure de l'énonciation légale de votre opinion.

Voici sur quoi elle se fonde :

Il est impossible de ne pas reconnaître qu'en thèse générale, la réduction, et à plus forte raison l'exemption, d'un droit de douane, procure un profit quelconque à tous les intéressés. Elle profite d'abord à l'expéditeur, qui fait l'avance du prix d'achat sur le lieu de la production, et de l'impôt au lieu d'arrivée ; et ensuite au consommateur, qui, en définitive, rembourse le montant de l'une et l'autre avance. Nier cette double conséquence, ou n'attribuer le bénéfice qu'à l'expéditeur seulement, ce serait méconnaître un des principes les moins contestables de l'économie politique. Mais ce n'est pas une pareille thèse que vous avez à débattre ; organes des intérêts de toute nature de cette colonie, vous devez considérer la suppression proposée dans les rapports plus étroits, plus intimes, qu'elle peut et doit avoir avec notre situation particulière, et avec l'état de nos finances. Envisagée sous cet aspect, la suppression des droits d'entrée aurait des inconvénients qui ne seraient pas compensés par un dégrèvement trop faible et réparti en trop petites fractions sur un trop grand nombre de consommateurs, pour qu'il soit prudent d'accepter les chances de cette innovation.

On peut soutenir (les notables commerçants appelés dans le sein de votre commission l'ont eux-mêmes unanimement proclamé) qu'elle n'aurait qu'une influence tout à fait inaperçue sur le prix des marchandises importées à Bourbon ; et ce phénomène tient à des causes inhérentes au pays et qui dominent toutes les autres.

En Europe, et en général partout où les divers centres commerciaux ont entre eux des rapports constants et réguliers, le prix de vente des marchandises s'établit sur la double constatation des besoins et des moyens d'y répondre, et la balance de la demande et de la fourniture entretient ordinairement un niveau sur lequel se fondent toutes les opérations. La spéculation et la consommation sont en rapports journaliers. Alors le chiffre de l'impôt a une influence réelle sur l'offre ou la demande. A Bourbon, cet équilibre n'existe jamais : d'abord à cause du système colonial lui-même, qui ne nous met en relation qu'avec un petit nombre de ports de la métropole; ensuite en raison de l'éloignement où nous sommes des lieux de production et d'expédition, ce qui cause dans la correspondance commerciale

des lenteurs, des lacunes et des irrégularités con-
stantes. En l'absence de renseignements oppor-
tuns, de constatations répétées et d'une saine
appréciation des besoins très variables de la consommation, les expéditions s'y font plus au hasard
et plus à l'aventure que partout ailleurs. La conséquence finale de cet état de choses est, ou une
abondance qui excède les besoins, ou une pénurie
qui les met en souffrance. C'est là le seul régula-
teur des prix de vente, qui sont toujours ou très
élevés ou très bas, au lieu de ne subir, comme
dans les places de commerce régulièrement or-
ganisées, que de simples fluctuations. La perception d'un impôt de 4 p. 100 sera donc toujours
sans effet sur le prix des marchandises à Bourbon. Si, dans ses conséquences purement com-
merciales, la suppression du droit d'entrée est
sans effet utile, cette suppression, sous le rapport
financier, aurait un mauvais résultat. Il n'en est
pas des besoins des gouvernements comme de
ceux des particuliers ; ils ne peuvent pas toujours,
comme ceux-ci, les resserrer dans la mesure de
leurs revenus disponibles. Les exigences des états
existent et se font sentir indépendamment des
moyens de les satisfaire, et il n'est possible de
transiger avec elles qu'à la condition de porter la
perturbation dans les services publics. La recette
des droits d'entrée manquant au trésor de l'état,
force sera à la France, quelque riche qu'elle soit,
quelque généreuse qu'elle veuille se montrer, de
combler ce déficit par l'établissement d'un autre

impôt, qui, quoique ne produisant que le même chiffre, peut être d'une perception plus dure, plus difficile ; ou de faire voter par les chambres une nouvelle subvention, qui, donnant à la colonie l'apparence d'une charge pour notre métropole, nous y placerait sous l'influence fâcheuse d'une impopularité, que, dans les circonstances actuelles, nous devons éviter.

Si, laissant là la situation présente, vous envisagez l'avenir, vous devez encore solliciter le maintien du droit d'entrée. Il y a lieu d'espérer que la loi du 25 juin 1841, dont les conséquences financières ont été autres que celles qu'en attendait le ministère et ont causé des embarras à l'administration, sera tôt ou tard, sinon rapportée, du moins considérablement modifiée, et que l'emploi de toutes leurs ressources locales sera rendu aux colonies.

Dans cette hypothèse, la suppression d'un droit dont la perception excède, année moyenne, 600,000 francs, décrétée d'une manière permanente par une loi organique, tarirait par anticipation une des ressources les plus précieuses et les plus abondantes de notre budget, sans compensation réelle.

Votre Commission vous propose en conséquence de solliciter avec force le maintien du droit d'entrée au taux actuel pour les navires français portant directement de France des marchandises françaises; sauf le droit différentiel, ou la prohibition absolue, suivant les cas et ainsi que nous l'avons expliqué, pour les navires étrangers et les marchandises étrangères.

Vous appellerez néanmoins l'attention du ministère sur une exception qu'il serait utile d'établir dans le tarif des marchandises françaises relativement aux eaux-de-vie. La distillation des sirops de canne a toujours été considérée par tous ceux qui s'occupent des intérêts de la colonie comme un mal nécessaire ; un mal, parce que l'usage du rhum est une cause de démoralisation et de perturbation hygiénique ; nécessaire, parce que seule elle permet d'utiliser ce résidu de nos chaudières. Aussi, quoique les guildives procurent au trésor d'abondantes recettes, tous les efforts de la représentation coloniale ont tendu à empêcher la consommation de cette liqueur de s'étendre. Tout encouragement à l'importation de l'eau-de-vie détruirait vos sages prévisions, et serait un obstacle insurmontable à la moralisation de nos ateliers, cette tâche vraiment philanthropique que les colons ont entreprise avec tant de courage et de persévérance. L'usage de la liqueur appelée absinthe de Neufchâtel, qui commence à se répandre d'une manière effrayante, cause des ravages encore plus déplorables que celui de l'eau-de-vie. Vous devez demander que l'eau-de-vie, et en général toutes les liqueurs fortes, soient frappées, dans l'intérêt de l'ordre et de la morale publique, d'un droit presque prohibitif. Ce sera un faible dommage pour la métropole, d'où il ne s'en expédie que peu et d'une qualité dont les prix sont très bas ; mais la colonie en tirera un avantage réel, la consommation de ces liqueurs se concentrant dans les villes et bourgs, où la police sur les noirs est bien plus difficile que partout ailleurs. Cette restriction aura d'ailleurs pour résultat de répandre, et par la suite d'augmenter, parmi nos esclaves l'usage des vins communs, qui n'offrent pas les mêmes inconvénients, et donnent lieu à de plus larges importations.

ARTICLE II.

Cet article règle le tarif des droits à percevoir sur les marchandises importées à Bourbon sur bâtiments français par extraction des comptoirs français de l'Inde. Ici se trouvent plusieurs innovations indiquées et justifiées par la dépêche ministérielle.

Les toiles bleues, dites de Guinée, paient actuellement un droit de 20 pour cent quand elles viennent des comptoirs français de l'Inde, et 30 pour cent quand elles sont extraites des ports anglais. Le projet établit une différence entre les toiles tissées et teintes sur le territoire français, et celles qui ne sont que teintes seulement, les premières payant un droit moins fort que les secondes; et quant à l'importation des mêmes toiles venant de l'Inde étrangère, il la prohibe entièrement.

La toile bleue sert de temps immémorial au vêtement de nos esclaves, dont il est extrêmement difficile de changer les habitudes à cet égard; et l'importation de cette étoffe, qu'on peut regarder comme une chose de première nécessité pour cette partie de notre population, ne fait pas de tort réel à l'industrie métropolitaine, parce qu'elle ne fournit pas de produits similaires, quelles qu'aient été les tentatives d'imitation ou de substitution qu'on a pu faire; et d'un autre côté leur fabrication est presque la seule ressource qui reste aujourd'hui à nos trop modestes possessions de l'Inde. Votre Commission n'a pu qu'applaudir à un abaissement de tarif; et la prohibition qui frappe les mêmes marchandises venant des comptoirs anglais, et admises jusqu'ici au droit différentiel de 30 pour cent, entre entièrement dans ses vues. Elle pense néanmoins que la diminution du droit doit être encore plus tranchée, et elle vous propose de demander qu'il soit fixé ainsi : 12 pour cent *ad valorem* pour les toiles tissées et teintes sur le territoire français, 15 pour cent pour les mêmes toiles teintes seulement sur le même territoire (1).

L'extension du principe d'admission et d'abaissement du droit d'entrée aux toiles blanches dites conjons est justifiée par la dépêche ministérielle.

---

(1) L'expédition du projet dont la commission a été saisie porte le droit à 17 fr. dans un cas, à 20 fr. dans l'autre, *par pièce de toile.* C'est une erreur évidente de copiste, et c'est 17 *pour cent* et 20 *pour cent* qu'il faut lire. La fixation du droit à 17 et 20 fr. par pièce, au lieu de réaliser la diminution expliquée et justifiée par la dépêche de M. le Ministre de la marine à celui du commerce, constituerait une véritable prohibition, puisqu'elle porterait l'impôt à presque deux fois et demie la valeur de la marchandise sur le lieu de production, la pièce de toile coûtant ordinairement à Pondichéry 7 fr. 50. Cette erreur a été remarquée et relevée par le directeur des douanes dans un travail spécial.

L'usage de ces toileries est spécial comme celui des guinées. Il en est de même des mouchoirs vulgairement appelés *madras* ou *paliacats*, dont la consommation est d'ailleurs assez restreinte; et votre commission adopte le chiffre proposé pour le droit d'entrée. Les mouchoirs dits *Vandapalam* ou *Mazulipatam* doivent disparaître de la nomenclature, attendu que les comptoirs français n'en fabriquent pas. Nous vous proposons d'admettre aussi, moyennant le droit de 12 pour cent *ad valorem*, les sacs de gonny, qui servent d'emballage au riz, et peuvent servir de première enveloppe pour les sucres, les cordages de kair et de basting, produits particuliers de l'Inde, dont l'usage est aussi tout spécial.

Ces dispositions sont tout au profit de la navigation française, qui, par l'importation d'une marchandise dont la consommation doit se développer dans la mesure des progrès du bien-être chez les noirs, trouvera l'avantage précieux de pouvoir ajouter un utile complément à ses chargements de riz, et d'avoir en même temps une marchandise d'encombrement et un frêt léger.

Les navires qui font les voyages intermédiaires puiseront dans la facilité accordée aux toiles des comptoirs franco-indiens un autre avantage spécial. Le frêt ordinaire pour le transport des riz varie de 40 à 60 francs. Ce frêt pour les toileries est de 100 à 120 francs, d'après un usage qui n'a pas varié.

Votre Commission vous propose d'appuyer l'autorisation d'introduire les meubles de l'Inde française, frappés en ce moment d'une prohibition dont rien ne motive la prolongation. Cette nature de meubles communs, à l'usage presque exclusif des classes les plus pauvres, ne fait pas concurrence à ceux que la France fabrique.

Le riz se trouve mentionné dans l'art. 2, avec indication d'exemption de droits, mais sans mention de la prohibition règlementaire par navires étrangers. On le verra au contraire figurer dans cette dernière catégorie dans l'article suivant, avec un droit d'entrée de 10 francs par 100 kilogrammes; votre Commission entend autoriser l'introduction du riz de toute provenance en tout temps, mais par pavillon français seulement, sauf les cas exceptionnels et d'urgence où le gouverneur, usant de ses pouvoirs discrétionnaires, peut en autoriser et même en provoquer l'importation par tous pavillons.

Votre Commission a pensé qu'en écartant le pavillon étranger dans les cas ordinaires, la législation douanière donnerait aux navires qui font les voyages intermédiaires un emploi plus assuré, et à la spéculation une plus grande sécurité; et que par là cette navigation spéciale, qu'il faut encourager, aurait un cours plus régulier, en même temps que la colonie serait plus facilement garantie contre la disette des vivres.

L'obligation de tirer de l'étranger la plus forte partie de notre alimentation est certainement sujette à des inconvénients, mais elle est inévitable.

Toutefois elle est tout à fait à l'avantage de la navigation nationale, qui a le privilége des fournitures ; elle est encore à son avantage sous ce point de vue que, une plus grande quantité des meilleures terres de la colonie étant affectée à la culture de la canne, nos établissements livrent aux échanges avec la France une plus grande masse de produits, dont elle a encore le transport privilégié.

C'est là une ample compensation de notre recours forcé à l'étranger. L'huile de coco se trouve au nombre des marchandises mentionnées dans cet article. Une note ministérielle fait observer qu'il est juste de procurer à ce produit un débouché direct à Bourbon, puisqu'il est actuellement admis en France avec privilége colonial. On peut ajouter qu'il est ici de première nécessité ; le chiffre du droit d'entrée est justement fixé à 4 francs par 100 kilogrammes.

ARTICLE III.

Les marchandises qui y sont dénommées sont celles qui peuvent être introduites directement de l'étranger à Bourbon pour la consommation par bâtiments de toutes nations.

Votre Commission a pensé que l'importation des marchandises tirées de l'étranger, par exception au principe du privilége national proclamé par l'art. 1ᵉʳ, devait être réservée au pavillon français toutes les fois qu'il n'y avait pas nécessité absolue d'en agir autrement, ou quand des traités particuliers ne dérogeaient pas à ce principe de protection. Elle vous propose d'insister pour que l'art. 3 du projet soit rédigé d'une manière conforme à cette résolution.

Elle vous propose de demander diverses modifications de détail quant au chiffre du tarif, et quelques assimilations : 1° exemption de tous droits pour l'importation du charbon de terre de toute provenance sur navires français, motivée par l'importance que doit prendre prochainement la navigation à vapeur dans nos mers; 2° exemption de droit sur les bois de toute nature et de toute dimension venant de Madagascar, de Mayotte et Nossi-Bé, motivée par leur rareté dans la colonie et la nécessité de protéger nos forêts contre les exploitations désordonnées, et aussi par l'utilité d'étendre la mesure de nos échanges avec la grande île Malgache; 3° extension du privilége qui concerne la morue à tous produits des pêcheries françaises établies, ou qui pourront être établies dans l'archipel Malgache, à Mayotte, et aux îles Saint-Paul et Amsterdam. Cette extension est justifiée par l'utilité d'encourager cette industrie, et d'améliorer l'alimentation des noirs (L'expérience a encore démontré que le poisson salé en général, quand il ne peut plus servir à la nourriture, est un engrais qui a des qualités toutes spéciales); 4° assimilation des tabacs de Madagascar à ceux de provenance française, pour les motifs déjà déduits, et cette considération, qu'il importe de développer la consommation d'un produit sur lequel le conseil colonial fonde l'espérance d'une augmentation de revenus locaux par suite de l'établissement possible d'une régie.

Le projet laisse en blanc le tarif des foulards, crêpons et porcelaines de Chine. La Commission est d'avis de les fixer comme l'a proposé l'administration des douanes : foulards unis écrus de l'Inde, 6 francs le kilogramme ; de Chine, idem, 7 francs ; idem, imprimés de l'Inde, 12 francs ; idem, idem de Chine, 14 francs ; idem, idem d'autres provenances, 16 francs ; crêpons de Chine 15 pour cent de la valeur pour toutes provenances ; porcelaines de Chine , 60 francs les cent kilogrammes.

Cet article porte à 10 francs par cent kilogrammes l'introduction du riz par navires étrangers. Il y a lieu de retrancher ce chiffre et de le remplacer par le mot prohibition , par suite des explications que nous avons données.

Votre commission vous propose de demander une réduction de moitié du droit sur le blé. La colonie verrait avec plaisir une disposition qui encouragerait spécialement l'introduction du blé de la Nouvelle-Hollande, qui est d'une qualité supérieure, et qui vient d'une contrée avec laquelle il est désirable de faire des échanges. Elle est la seule jusqu'ici où nous ayons pu écouler nos sucres de basse qualité. Vous demanderez aussi une exemption de droit par assimilation au riz, pour le Gram , les Voëms , les Embériques, grains nourriciers dont la France ne produit pas les similaires.

Ainsi que l'a fait remarquer M. le directeur des

douanes , la nomenclature contenue dans l'article 3 est incomplète. La commission est d'avis d'y ajouter ce qui suit : *Jus de citron et de limon naturel au-dessous de 30 degrés*, 1 franc par kilogramme ; *citrate de chaux*, id. ; *acide sulfurique*, 20 francs les cent kilogrammes ; *son, avoine, orge*, 2 francs l'hectolitre ; *beurre salé*, 10 francs les cent kilogrammes ; *bière* et *porter*, 52 francs l'hectolitre (*) ; *blanc de baleine brut et de cachalot*, 20 francs les cent kilogrammes ; *briques carreaux, de terre cuite*, 6 francs idem ; *tuiles, tuyaux en terre cuite, tomettes* (carreaux hexagones), 25 francs idem ; *chapeaux de fibre de palmier fin*, 2 fr. 25 cent., et grossiers, 5 centimes la pièce ; *confitures fluides* ou *sèches de l'Inde*, 80 francs les cent kilogrammes ; *de Chine*, idem ; *cordages de kair et de basting* (d'un usage spécial), 2 francs les cent kilogrammes ; *crins bruts et plocs*, 2 francs idem ; *crachoirs en cuivre de l'Inde* (la France n'en fabrique pas) ; 1 fr. 50 cent. la pièce ; *moutarde*, 25 francs les cent kilogrammes ; soieries, 15 francs idem ; *sauces anglaises*, idem, idem ; *fromages*, 30 francs les cent kilogrammes ; *graines de sénevé*,

---

(*) La bière étrangère est actuellement prohibée à Bourbon ; toutefois, en vertu d'une décision prise par le gouverneur en conseil, la douane admet exceptionnellement, au droit de 12 pour cent de la valeur, la bière anglaise reconnue par un certificat de médecins indispensable au rétablissement de la santé de leurs malades. Il s'agit de régulariser cette exemption en la dispensant de cette formalité et en élevant en même temps le droit assez pour que, combiné avec le haut prix de la bière à l'île Maurice, d'où Bourbon peut tirer celle dont les malades ont besoin, la brasserie française ne rencontre pas ici une fâcheuse concurrence pour un objet d'assez grande consommation.

5 francs idem ; *fruits oléagineux*, 1 franc, idem ; *gibier vivant*, exemption de droit ; *graisse de mou- ton, suif brut, saindoux*, 8 francs par cent kilo- grammes ; *huîtres fraîches de Maurice*, exemp- tion ; *huile de palma christi ou de ricin*, 25 francs les cent kilogrammes ; *huile de Cayapooty*, des îles Moluques (substance médicinale), 2 fr. 50 cent. le kilogramme ; *feuilles et écorces pour la tanne- rie*, 5 francs les cent kilogrammes ; id., *propres à la teinture*, le même droit ; *noir animal d'os*, les cent kilogrammes 3 fr. 50 cent. (Madagascar peut en fournir utilement pour nos sucreries) ; *noir à souliers*, 123 francs les cent kilogrammes ; *nankin*, exporté directement de l'Inde ou de la Chine, 5 francs les cent kilogrammes ; *nattes de joncs et d'écorces*, 6 pour cent de la valeur ; *nattes* et *per- siennes* ou *rideaux en rotin*, quatre pour cent de la valeur ; *objets de collection*, hors de commerce, de toutes provenances, 1 pour cent de la valeur, simple droit de contrôle ; *opium*, 200 francs les cent kilogrammes (la consommation a augmenté depuis l'introduction des engagés chinois et in- diens) ; *ouvrages en bois* non dénommés, 15 pour cent de la valeur ; *orge perlé et mondé*, 12 francs les cent kilogrammes ; *plants d'arbres*, exemption ; *laine en masse* pour matelas, 6 francs les cent ki- logrammes ; *gargoulettes de l'Inde* (objets tout spé- ciaux) ; *gargoulettes en potin* (la France n'en fournit pas les similaires) pour faire rafraîchir l'eau ; pantoufles de Pondichéry (à l'usage spécial et à peu près exclusif des Indiens), 12 pour cent

de la valeur ; *salsepareille* des pays hors d'Europe, 75 francs les cent kilogrammes ; *sangsues*, 1 franc le mille (simple droit de contrôle motivé par leur rareté et leur utilité dans beaucoup de maladies) ; *sucre candi* (que la France ne peut nous fournir), 85 francs les cent kilogrammes ; *sulfate d'alumine*, 25 francs les cent kilogrammes ; *soufre fondu en masse non épuré*, 75 francs les cent kilogrammes ; *tortues*, exemption de droit. — (Les tortues ne sont fournies que par les Seychelles et les îles de l'archipel Malgache ; c'est un des objets de spéculation du petit cabotage, qui a très peu de moyens de se développer) ; *pagnes de huit fils au moins*, 50 centimes la pièce ; au dessus de huit fils, de l'archipel Malgache et de Mayotte, 1 franc la pièce ; des autres pays 1 fr. 80 cent. ; idem. *rabannes de l'archipel Malgache et de Mayotte*, 1 fr. 80 cent. les cent pièces ; des autres pays 2 francs ; *paniers en rotin*, 6 pour cent de la valeur ; *volailles vivantes*, exemption comme pour les tortues ; *ferblanc anglais*, 70 francs les cent kilogrammes (c'est le droit du tarif général de la France moins le décime) ; *tuyaux en fonte et en tôle* (même observation), 40 francs les cent kilogrammes.

A ce complément de la nomenclature formulée par le projet, il conviendrait d'ajouter les objets de fantaisie et de curiosités de la Chine, du Japon et de la Cochinchine, avec un droit de 12 pour cent *ad valorem*.

Mais ces objets étant très variables et n'étant pas de nature à recevoir une dénomination exacte

dans une disposition organique de la loi, il suffi-
rait de leur appliquer en bloc un droit d'entrée
calculé de manière à favoriser nos relations avec
les lieux de provenance, et d'établir que la dési-
gnation détaillée en sera faite par un arrêté du
gouverneur.

Cette disposition pourrait avoir un caractère
plus général et s'étendre à tous les articles omis
dans l'article 3 du projet.

Nous devons maintenant, et à l'occasion même
du principe formulé par l'article 3, appeler votre
attention sur une omission beaucoup plus importante que celles qui viennent d'être signalées.
Les machines propres aux usines ne sont pas
comprises dans la nomenclature. M. le Ministre
de la marine, dans une note à laquelle cet article donne lieu, en constatant cette omission reconnaît que, de tout temps, Bourbon a eu la
faculté de demander à l'étranger les appareils
nécessaires à son agriculture.... Il aurait fallu
ajouter à la manutention de ses denrées; mais il
rappelle en même temps que des réclamations
ont été présentées, à ce sujet, par des fabricants
de machines de la métropole, et il indique comme
un terme moyen entre le privilège qui existe pour
notre colonie et le retrait de ce privilège par assimilation aux Antilles, de décider que les machines étrangères qui seront portées à Bourbon par
l'intermédiaire des entrepôts de la France pourront suivre leur destination sans être assujetties,
dans les ports de la métropole, à la formalité du

débarquement ; et qu'à raison du fret considérable dont elles seront grevées elles seront reçues
dans la colonie sous paiement de moitié des droits
du tarif de France (15 pour cent au lieu de 30).

Sans aucun doute cette disposition serait beaucoup plus favorable à la colonie que l'application
radicale des dispositions du tarif des Antilles, et
nous ne pouvons que remercier le Ministère de la
marine de l'ouverture faite à celui du commerce ;
mais votre Commission pense que vous devez
insister pour la continuation, au moins pendant
un laps de temps déterminé, de ce qui existe actuellement ; c'est-à-dire de la faculté de tirer nos
machines de l'étranger, mais par navires français
seulement, moyennant un droit de 6 pour cent.

Les machines anglaises coûtent 20 pour cent
de moins que celles fabriquées en France. La colonie, en possession d'un usage qui a en quelque
sorte établi un droit acquis, doit en grande partie
les progrès bien constatés de son industrie à l'excellente confection de ces machines, fabriquées
avec un fer qui, par les qualités essentielles qui
lui sont propres, lutte plus long-temps et plus facilement contre les influences du climat.

Vous devez aussi demander que les pièces de
rechange des machines ne paient pas à l'entrée
un droit plus élevé que les machines elles-mêmes.
C'est une disposition réclamée par tous les pro-
ducteurs de sucre. Votre Commission ne voit
aucun inconvénient, du reste, à ce que le privilège
soit restreint aux machines en fer et en fonte.

ARTICLE IV.

Le paragraphe Ier de cet article soumet les marchandises importées de Madagascar à une formalité dont l'accomplissement entraverait considérablement les relations que notre colonie entretient avec plusieurs parties de cette grande île. Si les navires qui trafiquent avec les ports opposés à Nossi-Bé ou ses dépendances, ou qui en sont à une grande distance, étaient toujours dans l'obligation d'aller s'y faire expédier, ils seraient souvent soumis à des lenteurs très préjudiciables aux armements ; les voyages qu'il leur faudrait faire pour se rendre à cette destination intermédiaire pouvant être, dans certaines circonstances, aussi longs que la traversée de Nossi-Bé à Bourbon. Il y a lieu de substituer à cette obligation la continuation de l'usage actuellement pratiqué par l'administration de la douane, et qui consiste à procéder par une enquête faite parmi les gens de l'équipage pour constater la provenance, quand elle lui paraît douteuse. Le paragraphe 2 aurait besoin d'une autre formulation moins restrictive et plus conforme au nouveau traité de commerce qui vient d'être conclu entre la France et l'iman de Mascate.

Il serait à désirer que celui qui règle les relations réciproques de Bourbon et de Maurice fût remanié ; tel qu'il existe , il est loin de favoriser l'intérêt français et de répondre aux vues qui avaient présidé à sa confection, c'est-à-dire l'in-

tention de développer le cabotage entre les deux
îles.

ARTICLE V.

Votre Commission n'en fait l'objet d'aucune observation. Elle pense néanmoins, comme le Ministère de la marine, qu'il pourrait être utile de for-
muler une nomenclature plus détaillée ; mais
comme celle-ci ne peut, en raison de la différence des lieux d'exportation et d'importation,
avoir la même base qu'aux Antilles, et comme
elle est essentiellement variable, il serait convenable d'en attribuer la confection à un arrêté du
gouverneur, ainsi que nous l'avons proposé pour le
complément des prévisions de l'article précédent.

ARTICLE VI.

Cet article consacre un progrès. Jusqu'à ce
jour, en vertu d'une circulaire de l'administration
des douanes du 15 novembre 1827, on a pu ex-
traire des entrepôts de France et importer à
Bourbon, pour la consommation, toutes les marchandises étrangères permises moyennant un droit
d'entrée de 12 pour cent. L'assimilation de Bourbon et des Antilles, à cet égard, est bien pré-
férable.

Votre Commission, par les motifs déjà expri-
més, vous propose de demander que l'importation des eaux-de-vie et autres spiritueux étrangers par extradition des entrepôts de France
soit absolument prohibée.

ARTICLE VII.

Cet article a pour résultat d'étendre les dispositions de la loi du 12 juillet 1837 et de l'ordonnance du 18 décembre 1839 relatives aux entrepôts coloniaux et de les appliquer avec cette extension à Bourbon. C'est une satisfaction accordée aux demandes faites par le commerce de cette île et par l'administration locale, et vous ne pouvez qu'y applaudir.

ARTICLE VIII.

Il formule l'autorisation donnée au gouverneur de permettre l'introduction d'une marchandise étrangère quand elle est indispensable aux besoins urgents de la consommation. Ce n'est là que la consécration, par voie législative, d'une faculté dont il n'a jamais été fait qu'un usage discret et avantageux au pays, ainsi que le reconnaît et le proclame monsieur le Ministre de la marine.

ARTICLE 9.

Cet article a une grande importance.

Il consacre un principe et pose une exception :

Un principe, en stipulant que l'exportation des sucres, cafés et cotons, de Bourbon ne pourra se faire que pour la France et par bâtiments français, avec la formalité de l'acquit à caution; une exception, en autorisant, dans une certaine mesure, l'exportation, par tous pavillons et pour toutes destinations, des sirops, sucres de basse qualité, et girofles, et celle, sans limites, des autres produits non dénommés.

Ce qui concerne les ports de France et la navigation française dans le premier paragraphe n'est que la mise en pratique du système protecteur. L'exigence de l'acquit à caution est une innovation. Le commerce de Bourbon avait conclu, non de l'absence de cette formalité, mais du texte de la loi qui règle les rapports commerciaux des colonies et où l'île Bourbon n'est pas mentionnée, et de la non-abrogation des dispositions qui la concernaient particulièrement, qu'elle avait toujours le droit d'exporter ses denrées chez l'étranger. Cette prétention, qui n'aurait pas eu de résultats par suite du refus de l'administration locale de délivrer des congés de mer pour les ports autres que ceux de la métropole, a été soulevée, il y a quelque temps, par un commerçant. Il a eu gain de cause devant les tribunaux de la localité ; mais, le conseil d'état saisi de la question par suite d'un conflit l'a résolue dans un sens opposé , et la colonie ne peut que se soumettre à une décision qui l'a fait rentrer dans le droit commun.

Toutefois il serait utile que l'acquit à caution fût général et pour tout le manifeste, afin d'épargner d'inutiles et embarrassantes écritures.

Votre Commission n'appelle votre sérieuse attention que sur la seconde partie de l'article :

Les sirops incristallisables ne peuvent servir qu'à la distillation dont vous avez toujours cherché à borner l'essor, dans un intérêt de moralité

et de police domestique. Ils seraient en pure perte
pour le producteur, s'il ne pouvait pas les exporter à l'étranger. Le sucre de basse qualité, qui
n'est jamais le résultat d'une fabrication inten-
tionnelle, mais bien l'effet accidentel et forcé de
la manipulation, est dans un cas analogue. Il est
d'un prix trop vil, et il rencontre à l'entrée un
droit trop démesurément disproportionné avec ce
prix, pour qu'il puisse former une cargaison ou
même un complément de cargaison destiné aux
ports de France ; son produit ne couvrirait pas les
frais de transport : la faculté de l'exporter pour
toute destination est donc aussi une conséquence
forcée de notre situation. Il n'y a aucune raison
de limiter cette faculté, dont l'exercice ne peut
en rien préjudicier à la navigation privilégiée entre
la France et la colonie, puisqu'elle n'opère jamais
sur cette denrée. Ce résidu est d'ailleurs peu considérable, par suite des progrès de l'industrie sucrière (*).

Les mêmes considérations ne s'appliquent pas
entièrement au girofle, dont d'assez médiocres
qualités s'expédient quelquefois pour France ;
mais d'autres considérations peuvent être invo-
quées ici, et elles suffisent pour révéler les fu-
nestes conséquences qu'aurait pour le colon la
base indiquée par le projet. (Les sucres et sirops

(*) Le type adopté par l'administration locale est trop bas. Il en résulte que
les envois se composent en grande partie de matières qui, n'ayant de sucre
que le nom, ne sont bonnes à aucun usage. Le commerce et l'agriculture
sont d'accord pour en demander l'exhaussement.

jusqu'à concurrence du vingtième, et le girofle jusqu'à concurrence du quart de l'exportation de l'année précédente.)

L'expérience a démontré que le girofle est un produit naturel extrêmement capricieux, et souvent une année très abondante a été précédée d'une ou de plusieurs récoltes nulles ou très médiocres. Si cette hypothèse se présentait, la base proposée circonscrirait l'exportation dans les limites les plus étroites, précisément dans le moment où, ayant ses magasins remplis, le planteur aurait le plus d'intérêt à écouler la plus forte portion possible de sa récolte.

Par cela qu'il faut que l'exportation ait toujours lieu dans la mesure de la production, et que la production du girofle est essentiellement variable, la base indiquée doit être rejetée. La seule rationnelle serait le chiffre de la production dans l'année où la faculté d'exporter s'exerce; mais la constatation en serait impossible; et fût-elle possible, ne pouvant être faite qu'au terme de la récolte et de la mise en magasin, la spéculation en éprouverait des retards incompatibles avec l'esprit du commerce.

On ne peut sortir de cet embarras qu'en continuant de faire ce qui a toujours été fait à Bourbon sans aucune réclamation intéressée; il y aura alors, entre le privilége et la franchise, une concurrence qui donnerait à l'agriculture un débouché plus certain et au commerce une plus grande latitude.

Nous devons ajouter que c'est à tort que, dans une intention bienveillante pour la colonie cependant, on a dit que la faculté d'exporter le girofle est à peu près la seule cause d'attraction des navires arabes dans nos rades. Il n'en est malheureusement plus ainsi, et depuis que la culture de cet arbre à épice a pris des développements à Zanzibar, résidence actuelle de l'Iman de Mascate, ils ne viennent plus nous en demander et n'importent dans l'Inde que celui qu'ils récoltent chez eux.

Il faut considérer la faculté d'exportation à l'étranger dans ses rapports avec notre propre navigation.

Les voyages intermédiaires dans l'Inde se font toujours à fret et avec des piastres. Si les navires qui les font continuent à jouir de l'autorisation d'importer toute la quantité disponible de girofle chaque année, ce sera là pour eux un chargement d'échange contre le riz qu'ils y vont chercher, et, en même temps, une cause de moins d'appauvrissement de la colonie en numéraire.

Une observation trouve ici sa place, et si vous la goûtez, comme nous l'espérons, vous la recommanderez à l'attention du pouvoir. Les navires étrangers paient ici un droit de 12 pour cent de la valeur du girofle au lieu de la production. Par représailles, les Anglais ont imposé aux navires français, dans les trois ports où se font les grandes spéculations, Madras, Calcutta et Bombay (*),

(*) La concurrence arabe nous a fermé le port de Bombay ; il faut chercher à remplacer ce débouché.

un droit différentiel de 20 pour cent de la valeur sur le marché de vente, valeur augmentée par les droits de douanes et les frais de navigation. (Les navires anglais n'en paient qu'un de 10 pour cent.) Il en résulte que pour la fourniture de l'Inde, notre principal et à peu près notre unique débouché de cette denrée qui est presque la seule que nous puissions lui envoyer, les navires anglais, qui ont encore sur les nôtres l'avantage de naviguer à meilleur marché, nous font une concurrence, qui dégénère pour eux, et au détriment de ceux-ci, en un véritable monopole.

Exclure de cette faculté d'exportation les navires étrangers, ou établir un droit de sortie plus fort, ce serait manquer le but et s'exposer à commettre une injustice à l'égard des étrangers autres que les Anglais, chez lesquels nous ne rencontrons pas la même exigence douanière ; dans tous les cas, ce serait provoquer de nouvelles représailles dans les trois ports que nous venons de nommer. Il y a lieu d'appeler l'attention du Ministère sur cet état de choses, pour qu'il étudie la question et avise au moyen de lui donner une solution plus favorable à la navigation française par des stipulations diplomatiques.

ARTICLE X.

Cet article dispense les denrées mentionnées dans l'article précédent de tous droits de sortie, en stipulant néanmoins le maintien, à leur égard, des contributions locales représentatives de l'impôt territorial voté par les conseils coloniaux.

Dans la colonie de Bourbon, comme aux Antilles, il n'y a pas de droits de sortie proprement dits. Cette nature d'impôts aurait un autre caractère que le droit d'entrée, sur lequel nous vous avons soumis d'assez longues réflexions. Il aurait pour la colonie une plus grande portée, parce qu'il frapperait directement nos denrées et surtout celle qui fait notre principale richesse, et motive la presque totalité de nos exportations en France trois mois avant leur arrivée sur le marché qui les livre à la consommation, et lorsque, déjà, elles vont au devant d'un impôt presque double de leur valeur au lieu de la production. L'exemption du droit de sortie réalise en partie cet axiome qui résume la destination commerciale des colonies, telles que les a faites le système protecteur : produire au meilleur marché possible pour pouvoir beaucoup produire, beaucoup produire pour pouvoir beaucoup consommer, beaucoup produire et beaucoup consommer pour développer un plus grand mouvement maritime.

Cependant, sans oublier ce grand principe, mais obligé dans la pratique des affaires d'en amoindrir l'application, pour pouvoir faire face à des besoins spéciaux qui ne pouvaient trouver ailleurs leur satisfaction, le conseil colonial de Bourbon, comme ceux des Antilles, a maintenu, et s'est trouvé même dans la dure nécessité d'augmenter un impôt direct supplétif de celui de capitation, et prélevé sur certaines denrées du cru de notre sol au moment de leur exportation. L'article 10 est important, en ce qu'empêchant la confusion de cet impôt direct avec un droit de douane, il reconnaît et maintient l'attribution du conseil colonial pour en régler le chiffre et en appliquer le produit.

ARTICLE XI.

Pas d'observation.

ARTICLE XII.

L'article 12 règle les droits de navigation. Votre Commission ne fait en général pas d'observations sur le tarif, qui lui paraît bien réglé ; il vous en soumettra une néanmoins, non pas sur le texte même du projet, mais sur une disposition actuellement en vigueur relative au droit d'ancrage. Ce droit est considérable pour les gros navires ; il est exigible dès qu'ils ont mouillé. Cette disposition éloigne de nos rades les navires qui seraient disposés à y relâcher, ou à y venir faire des réparations ou des approvisionnements, sans intention de trafiquer. Ils aiment mieux se rendre à Maurice où, en mouillant en grande rade, ils n'ont pas à supporter le même droit, et ils y transportent les bénéfices qu'une partie de notre population pourrait retirer de leur présence.

Il y aurait justice et convenance dans une disposition qui dispenserait de ce droit les navires en simple relâche, et qui n'y assujettirait ceux qui y viennent pour tout autre motif qu'à partir du cinquième jour qui précéderait le commencement de leurs opérations.

ARTICLE XIII.

La délégation faite au gouverneur, quant à la révision du tarif qui concerne le droit de pilotage, n'a pas paru à votre Commission conforme au régime législatif des colonies, puisqu'elle lui donnerait le droit de *constituer* un impôt, dont il ne peut qu'assurer la rentrée par des arrêtés d'administration publique.

ARTICLES XIV, XV, XVI et XVII.

Pas d'observation.

Votre Commission terminera son travail par une dernière considération qui s'applique aux conditions actuelles de la navigation que la colonie entretient.

D'après des dispositions qui datent de 1817, il est interdit d'expédier des navires de Bourbon ou de toute autre possession au delà du cap de Bonne-Espérance pour les Antilles françaises et Cayenne. Le commerce a réclamé plusieurs fois contre cette interdiction et, dans l'année 1843, le gouvernement de cette colonie a appuyé ses réclamations. M. le Ministre de la marine a consulté à cet égard MM. les Ministres du commerce et des finances, qui n'ont pas cru la réclamation de nature à être accueillie, sur le motif « que la pro-

» hibition est une des conditions du privilége co-
» lonial pour l'exportation de ses denrées, et que
» la faculté demandée pourrait donner lieu à des
» substitutions frauduleuses des produits de nos
» colonies d'Amérique aux produits similaires de
» Bourbon, dans l'importation en France. » En
conséquence, la prohibition a été maintenue,
même pour les navires sur lest.

Votre Commission pense qu'il y a lieu de re-
nouveler les réclamations dont cette prohibition a
été l'objet. La faculté d'expédier sur lest les navires de Bourbon pour les Antilles ne blesserait
pas le contrat qui constitue le système colonial,
puisqu'ils n'y introduiraient aucune marchandise
faisant concurrence à la fourniture dont la métropole a le privilége, et qu'ils ne pourraient en exporter, pour les faire entrer en France, que les
mêmes denrées que produit Bourbon. Mais cette
faculté, dont le bénéfice paraît très mince au premier abord, pourrait, dans la pratique, offrir des
ressources précieuses à la navigation nationale.

Il est possible, et le cas s'est présenté, qu'un
navire ne puisse pas trouver à Bourbon, aux conditions qu'il désire ou dans la quantité dont il a
besoin, par suite de diverses circonstances, la
denrée nécessaire à son chargement, ou que des
retards dans ses voyages intermédiaires s'oppo-
sent à ce qu'il arrive en temps opportun pour
traiter avantageusement. Au lieu de retourner sur
lest en France, il pourrait aller demander un dé-

dommagement, et se récupérer à Cayenne ou aux Antilles, soit par un chargement entier, soit par un complément de chargement, et éviter ainsi les conséquences désastreuses d'une opération manquée. Ce voyage serait d'autant plus opportun, que la manipulation sucrière commence dans ces parages quand elle finit dans notre île, considération importante qui doit attirer l'attention du Ministre et que vous recommanderez à sa bienveillante sagacité.

Quant à la fraude qu'on paraît craindre, un surcroît de surveillance dans cette circonstance exceptionnelle la rendrait impossible, d'autant plus que la spéculation se réduirait presque toujours forcément à une seule denrée, le sucre, et quelquefois seulement à une petite quantité de café.

Nous devons faire remarquer d'ailleurs que nous ne réclamons que la faculté de faire directement, au vu et avec l'assentiment de l'autorité, ce qui peut se faire indirectement, puisque dans l'état actuel de la législation tout navire français peut être expédié pour une possession étrangère voisine des Antilles françaises, et relever de là pour ces îles ou pour la Guyane, où il trouvera facilement un chargement pour France. C'est justement ce qui a eu lieu, il y a peu de temps, avec un plein succès, et sans que l'autorité locale, soit ici, soit à la Martinique, ait pu y mettre légalement obstacle.

Tel est, messieurs, le résultat des investigations auxquelles votre Commission s'est livrée ; et vous leur donnerez, si vous le jugez utile, l'autorité de votre sanction.

Le Président du Conseil colonial,
Signé BELLIER DE VILLENTROY.

Les Secrétaires,
Signés J. GESLIN, TOULORGE.

Extrait du procès-verbal de la séance du 12 juillet 1845 :

Le conseil colonial délibérant, aux termes de l'article 10 de la loi du 24 avril 1833, adopte à l'unanimité, moins une voix, comme étant l'expression de ses vœux et comme résumant ses réclamations, le rapport qui lui a été présenté, dans sa séance du 28 juin 1845, au nom de la commission chargée d'examiner un projet de tarif des douanes pour la colonie de Bourbon. Le conseil décide, en conséquence que, vu l'urgence, deux expéditions officielles de ce rapport et de la présente résolution seront adressées, l'une à M. le gouverneur, l'autre à M. le Ministre Secrétaire d'état de la marine, par l'intermédiaire des délégués de la colonie.

Le Président du Conseil colonial,
Signé BELLIER DE VILLENTROY.

Les Secrétaires,
Signé J. GESLIN, TOULORGE.

OPINION DU CONSEIL DES DÉLÉGUÉS

SUR LES

BASES QUI LUI SEMBLERAIENT DEVOIR ÊTRE ADOPTÉES
POUR LE TARIF DES DROITS DE DOUANE A L'ILE BOURBON.

Le gouvernement du roi est trop éclairé pour avoir la pensée de soumettre à la même législation douanière les îles de l'Amérique et celles de la mer des Indes. Il a certainement compris que les besoins si différents qui résultent pour elles des distances qui les séparent de la métropole, des contrées qui les avoisinent et des conditions que leur situation géographique et industrielle fait au commerce et à la navigation, nécessitent une législation appropriée qui évidemment ne peut être la même.

Toutefois il faut reconnaître qu'il existe entre ces îles des analogies nombreuses, et que c'est une vue sage que de chercher à reproduire ces analogies dans leurs lois en y faisant correspondre des dispositions qui aient leur fondement dans les besoins communs qui les rapprochent, comme d'autres ont le leur dans les besoins différents qui les distinguent.

Il suffit de jeter un coup d'œil sur les tarifs, droits et usages de douane en vigueur aux Antilles et à Bourbon, pour être frappé de ce qu'il y a d'irrationnel dans leur diversité, et pour sentir le besoin d'une législation moins disparate.

Le Conseil des délégués adopte donc en principe l'analogie des tarifs pour tous les objets de consommation qui arrivent aux colonies des ports et par bâtiments français.

Nous disons l'analogie, et non la similitude parfaite, parce qu'une légère différence dans les tarifs au profit des colonies les plus éloignées nous paraît devoir être la règle à suivre pour l'aller comme pour le retour.

Ce n'est point une faveur à laquelle l'éloignement donne droit ; la législation ne peut avoir pour objet de faire disparaître les inégalités qui, pour les industries respectives de chaque colonie, résultent de la distance, du sol et du climat ; mais elle doit assurer les avantages en vue desquels ces industries lointaines ont été fondées et sont avec raison favorisées et protégées ; c'est donc à la navigation et à l'industrie nationales qu'il faut faire la faveur des tarifs que nous réclamons pour les colonies les plus éloignées.

Ce principe a été admis, même à l'égard des colonies étrangères, que nous n'avons aucun intérêt à favoriser. Les sucres de Batavia et de Ceylan supportent de moindres droits à leur entrée en France que ceux du Brésil et de Cuba ; il est bien évident que ce n'est point à Java et à Ceylan que cette faveur est accordée au détriment de Cuba et du Brésil ; mais c'est un encouragement à la navigation lointaine et une chance donnée à l'industrie nationale de placer au loin des produits qui, sans cette faveur, ne pourraient y être transportés avec avantage.

Ce qui est vrai pour les denrées exotiques à leur entrée en France est vrai pour les produits nationaux à leur entrée dans les ports coloniaux.

Il sera toujours d'une bonne politique d'obtenir de l'Inde et de la Chine des faveurs pour nos marchandises, en retour de faveurs semblables accordées à certains de leurs produits. Par la même raison dans nos colonies, où le gouvernement modifie à son gré la législation douanière, l'application du même principe aura pour conséquence d'abaisser les droits en proportion des frais plus considérables que la navigation doit supporter.

Cette règle s'appliquera à la plus grande partie des marchandises consommées à Bourbon ; il n'y aura plus qu'à fixer le nombre et la valeur des exceptions que la règle devra subir.

C'est ici que l'analogie des tarifs avec ceux des Antilles cesse d'être possible.

Par sa position géographique l'île Bourbon est susceptible d'un commerce exceptionnel qu'il est bon de favoriser ; elle est aussi soumise à des nécessités spéciales qui exigent des ménagements. Nous traiterons cette question aux articles qui s'y rapportent, en suivant les tableaux annexés au projet de loi du gouvernement.

ARTICLE 1er.

MARCHANDISES ÉTRANGÈRES ADMISSIBLES A L'IMPORTA-
TION. — ANIMAUX VIVANTS.

Cet article, frappé par le projet d'un droit de 30 francs pour les chevaux et de 45 francs pour les mulets (droit réduit à 25 francs et 40 francs par la Commission), est admis en franchise à Bourbon, quels que soient la provenance et le pavillon.

L'introduction des chevaux, mulets ou ânes de Mascate, fut, dans un temps, encouragée par une prime. Nous ignorons si la législation à cet égard a été modifiée. Mais encore le principe de cet encouragement subsiste dans la faveur accordée aux navires de Mascate dont la cargaison comprend aux moins dix chevaux, ânes ou mulets. Le droit en ce cas se trouve réduit pour toute la cargaison de 4 pour 100 à 2 pour 100 de la valeur.

La situation particulière de Bourbon exige le maintien de ces dispositions ; les intérêts spéciaux de la navigation en réclameraient l'extension aux importations par navires français de chevaux et mulets de Buenos-Ayres et du cap de Bonne-Espérance.

Quant à la situation de l'île Bourbon, il faut considérer que la longueur de la traversée et le passage du Cap mettent en péril les cargaisons d'animaux vivants et rendent cher et rare un article de première nécessité pour l'industrie sucrière. D'un autre côté l'espèce chevaline s'abâtardit promptement à Bourbon, et les mulets nés dans l'île sont en général impropres au charroi. Les chevaux du Pégou et de Batavia sont petits et ne sauraient être utilisés pour l'exploitation des cannes ; l'Arabie et l'Abyssinie, où l'espèce chevaline est d'une grande beauté et possède des qualités particulières, offrent donc à l'île Bourbon une précieuse ressource.

Quant au commerce, il peut trouver à Buenos-Ayres et au Cap un supplément à ses cargaisons, toujours incomplètes ; ces deux contrées sont sur la route des navires qui partent de France pour Bourbon : une législation favorable pourrait leur rendre avantageuses leur relâche et leurs opérations dans ces deux pays.

Nous pensons que la réduction sur la cargaison française de 4 pour 100 à 2 pour 100 constituerait une faveur hors de proportion avec l'opération qui en serait le principe. Mais on pourrait accorder l'entrée en franchise à Bourbon de certains articles d'Amérique et du Cap, pour l'introduction d'un certain nombre de chevaux ou mulets, comme l'équivalent de la réduction accordée aux navires arabes sur les droits dus pour la totalité de leur cargaison (1).

Ces articles seraient : les fourrages, le riz, le maïs, les viandes sèches et salées, les poissons

---

(1) La raison qui ne permet pas la réduction de 4 pour 100 à 2 pour 100 pour les droits dus sur les cargaisons d'Europe, bien qu'elle ait été admise sur les cargaisons de Mascate, c'est que les cargaisons d'Europe sont infiniment plus précieuses ; celles de Mascate se composent presque exclusivement de thasard salé et de dattes.

secs, les poils, peaux brutes, laines, cornes et cire ; les bois précieux, les fruits secs et frais, le vin de Constance et autres marchandises que le gouvernement déterminerait et dont la nomenclature serait facilement complétée à l'aide du paragraphe 2 de l'article 1ᵉʳ du projet de loi sur le régime des douanes aux Antilles.

Quelques uns de ces articles seraient consommés à Bourbon, et d'autres seraient réexportés pour France comme produits coloniaux. Ils aideraient à composer, pour les cargaisons, le fret léger, si nécessaire aux navires et si rare à Bourbon.

Les mêmes raisons ne militent pas en faveur de la franchise accordée à l'introduction des porcs et du bétail à cornes.

L'espèce bovine élevée à Bourbon est excellente et supérieure à celle de Madagascar pour le travail et pour la boucherie. Mais l'abondance du gros bétail malgache est un obstacle dans la colonie à l'éducation et à l'engraissage.

Cependant l'éducation et l'engraissage pourraient être une ressource pour le pays ; l'élève des porcs est la richesse de l'esclave : il leur crée cette aisance dont ne peuvent se rendre compte ceux qui n'ont point vu les colonies. L'engraissage des bœufs tirerait peut-être de la misère un grand nombre de petits propriétaires, si la législation rendait cette spéculation possible et ouvrait ce moyen de travail et d'emploi à des hommes qui refusent celui de la terre.

Cette question étant neuve à Bourbon comme

en France, nous nous abstiendrons d'en proposer la solution au gouvernement du roi ; mais nous la recommandons aux lumières et à la sollicitude de M. le Ministre. C'est à lui de comparer les avantages que l'agriculture de Bourbon en peut retirer avec le dommage que la navigation en pourrait souffrir. Nous nous bornerons à cette simple réflexion : que souvent les bénéfices de l'agriculture coloniale procurent indirectement à la navigation plus de profit que les opérations qui semblent devoir assurer directement à celle-ci de plus grands avantages.

BOIS.

Bourbon ne reçoit et ne peut recevoir que deux sortes de bois étrangers : le sapin, que rien ne peut remplacer dans la colonie, et les grandes pièces de toutes sortes de bois dur, que Madagascar fournit en abondance, et qui commencent à être à Bourbon d'une extraction coûteuse, et quelquefois périlleuse.

Nous ne voyons aucune difficulté à assimiler sur ce point Bourbon aux Antilles, sauf la règle générale qu'en ous avons rappelée en commençant, et qui ne semble pas permettre que l'assimilation soit complète et absolue.

CHARBON DE TERRE.

L'usage en est encore trop peu répandu dans la colonie pour qu'il y soit, comme en Europe, un élément important de prospérité publique ; néanmoins le droit de 4 pour 100 que supporte cette matière paraît devoir être réduit; en assimilant sur ce point Bourbon aux Antilles, la réduction mettrait le droit à moins de 2 pour 100.

Si la houille pouvait être employée dans les sucreries, il en résulterait d'immenses avantages pour le commerce et la navigation. Les exploitations ne seraient jamais interrompues; les terres ne seraient plus dépouillées des pailles sèches qui les couvrent après la coupe des cannes; la navigation y trouverait un fret dont elle manque. Si la suppression du droit sur la houille pouvait avoir ce résultat, nous la recommanderions avec instance au gouvernement du roi, non seulement pour l'île Bourbon, mais aussi pour les Antilles.

Le ramassage, le transport et le séchage des pailles coûtent à l'île Bourbon, par chaque établissement et en moyenne, une quantité de journées de manœuvres et de charrettes équivalente à 3 ou 4,000 francs.

La perte d'engrais pour la terre est inappréciable, aussi bien que l'avantage d'un approvisionnement en excellent combustible. Il résulte de cet aperçu que, si 3 ou 4,000 francs de houille rendue sur l'habitation pouvaient équivaloir comme combustible à la paille sèche qu'on enlève aux champs, l'affaire serait excellente pour le propriétaire.

Il aurait en bénéfice : 1° tout ce que sa terre mieux conservée rapporterait en plus; 2° tout ce qu'une manipulation accélérée ajouterait en quantité et en qualité à l'importance de sa récolte; 3°

tout ce que l'économie du temps et du travail dans l'exploitation lui permettrait de reporter de soins à ses plantations.

RIZ.

Le riz est l'article le plus important du commerce propre à l'île Bourbon. Il est pour la population coloniale un objet de première nécessité, comme le pain en France. Il donne lieu à un mouvement commercial de 12 à 15,000 tonneaux, et de 2 à 3 millions de francs.

Le riz est importé à Bourbon de l'Inde et de Madagascar. Il paie un droit de quai de 10 c. par 50 kil. (1). Il est certain que Madagascar ne pourrait actuellement suffire à l'approvisionnement en riz de l'île Bourbon, et que les navires français n'y trouveraient pas le même avantage qu'aux voyages intermédiaires de l'Inde. La circonstance qui étend presque toujours jusqu'au Bengale les opérations dont la production de Bourbon est la base mérite toute l'attention du gouvernement.

Le riz de l'Inde est à meilleur marché ; il foisonne davantage à la cuisson et se conserve beaucoup mieux.

D'un autre côté l'entretien dans l'Inde anglaise des plantations de riz peut n'y être pas sans influence sur le développement de l'industrie sucrière. Si l'île Bourbon avait à se nourrir exclusivement du produit de son sol, la production du sucre

(1) Le manuscrit original porte par erreur 6 pour 100.

y deviendrait presque impossible. La prospérité des plantations de coton, d'indigo et de riz, dans l'Inde, peut, en élevant le prix du travail et en occupant les bras et les terres, faire obstacle à la production du sucre.

Ces considérations paraissent dignes de quelque attention.

Dans tous les cas l'assimilation de Bourbon aux Antilles quant au riz ne paraît pas admissible. Le droit de 4 fr. pour 100 kil., qui est proposé pour les Antilles, nous paraît devoir y rendre presque impossible l'usage de cette denrée; et nous croyons qu'il pourrait être abaissé sans dommage pour le commerce des farines. S'il était appliqué à Bourbon, il porterait le tarif actuel de 1 pour 100 à 20 pour 100.

TABAC.

L'île Bourbon produit du tabac, et comme le commerce français aurait plus d'avantage à exporter celui de la colonie qu'à en introduire d'étranger, nous croyons que les taxes prohibitives proposées pour les Antilles conviennent également à l'île Bourbon. La France consomme beaucoup de tabac étranger; il serait à désirer qu'elle pût en trouver dans ses colonies : ce serait encore pour ses navires un fret léger, dont ils sentent tous la privation.

ARTICLE II.

MARCHANDISES IMPORTÉES DE FRANCE.

La réduction proposée par la Commission sur

cet article est sans doute dictée par un désir loua-
ble de favoriser la consommation des produits de
la métropole dans les colonies ; et nous pensons
que Bourbon se trouve, pour profiter de cette mesure, dans la même position que les Antilles.

Nous ne pouvons cependant nous empêcher de
manifester la crainte que la privation de cette ressource dans les colonies ne se traduise au budget
colonial par des déficits que la métropole ne com-
blerait qu'au moyen de sacrifices plus réels et plus
sensibles.

Les droits d'entrée aux colonies sont trop mo-
dérés pour empêcher la consommation, la concurrence étrangère ne s'y faisant point sentir : l'industrie nationale ne peut être affectée d'un droit
qui disparaît dans les frais commerciaux qui gros-
sissent les prix de facture.

Le fret de France à Bourbon est d'environ 40 fr.
par tonneau ; le bénéfice du commerce est moyen-
nemment supérieur à 30 pour 100 sur les objets
qui ne sont sujets à déchets ni avaries ; il est beaucoup plus considérable sur les marchandises fra-
giles ou susceptibles d'altération. Le taux légal de
l'intérêt et de l'escompte est de 12 pour 100.

La fluctuation des prix est d'ailleurs considérable Or, pour qu'un droit de 3 à 4 pour 100 *ad valorem* fût sensible au consommateur, il faudrait
dans le cours des marchandises une régularité et
une modération inconnues aux colonies.

Nous pensons que le commerce national ne doit
redouter aux colonies que les mesures et les droits

qui affectent la production coloniale, parce que le cours en est peu variable et dépend d'un prix de revient calculé rigoureusement.

Tant que les colonies pourront produire à bon marché, ou, ce qui revient au même, vendre avantageusement, elles consommeront beaucoup à un prix élevé, ce qui est le but de leur institution.

Mais il est un article sur lequel nous appellerons toute l'attention de M. le ministre de la marine ; ce sont les eaux-de-vie et autres liqueurs fortes.

Nous croyons qu'il est d'un grand intérêt pour la France et pour la colonie d'élever les droits d'entrée, à Bourbon, sur cet article jusqu'à un taux à peu près prohibitif.

Le gouvernement du roi sait que l'île Bourbon consomme environ 700,000 litres de rhum fabriqué dans le pays. C'est le produit des mélasses qui ne renferment plus de sucre cristallisable. Ce produit est donc forcé pour la colonie, qui en possède la matière première, et qui, n'étant pas placée pour exporter cette matière première, la perdrait entièrement s'il ne lui était pas permis de la convertir en liqueur.

L'impôt que paie cette consommation de 700,000 litres est véritablement énorme ; il a été fixé depuis quelque temps à 250,000 fr.

Ce n'est pas seulement par la nécessité d'augmenter ses ressources que la colonie a accepté une si lourde charge ; elle a surtout voulu prévenir les désordres qui sont la conséquence de l'abus des liqueurs fortes. Rien ne s'oppose plus que l'ivrognerie à la moralisation de l'esclave. Rien ne compromet plus sa santé. Rien ne l'expose plus aux châtiments domestiques et à ceux de la police. Rien ne menace plus sérieusement la fortune des particuliers et la tranquillité publique.

Contre un si grand danger on n'a trouvé d'autre garantie que le haut prix du rhum.

Mais quel serait le résultat de toute la prudence du gouvernement local, si les droits de douane ne protégeaient pas la colonie contre l'invasion des eaux-de-vie.

Les esclaves et une grande partie de la population libre tomberaient dans des excès qui rendraient inutiles les efforts tentés pour leur moralisation ; le fabricant de rhum ne pourrait supporter l'énorme impôt qui le grève, et une des principales sources du revenu public se trouverait tarie.

Pour prévenir un tel désordre, qui serait aussi un malheur, le droit d'entrée sur les eaux-de-vie doit être tel que le litre ne puisse être laissé dans les ventes en gros au dessous d'un franc.

Pour assurer ces résultats, les droits qui sont de 3 fr. par velte devraient être élevés à 5 fr.; ceux de 4 fr. 50 cent. à 6 fr. 50 cent., et ainsi de suite.

Ces droits ainsi fixés devraient correspondre au degré de la preuve du commerce, et les liqueurs d'un degré supérieur être ramenées à cette preuve pour l'application du tarif.

La délégation de Bourbon attache la plus grande importance à cette mesure, et supplie M. le Ministre de prendre sa demande en considération.

Elle est fondée sur trois raisons ; qui certainement toucheront le gouvernement du roi :

1° L'impossibilité où est le colon de Bourbon d'exporter ses mélasses incristallisables, d'où résulte pour lui la nécessité de les convertir en rhum ;

2° La nécessité d'élever le prix du rhum en vue de la moralisation des noirs et de l'ordre public ;

3° L'importance du revenu public que la fabrication du rhum assure à la colonie.

Le gouvernement du roi acceptera, d'autant plus volontiers nous le pensons, la proposition d'élever au taux indiqué les droits d'entrée sur les eaux-de-vie, que la somme d'importation de cet article ne s'est élevée en 1842 qu'à 49,954 litres, estimés 32,916 fr., quantité peu importante pour la France et considérable pour Bourbon ; tandis qu'il s'agit d'une question de moralisation pour laquelle la métropole et la colonie font les plus grands sacrifices, et de la conservation d'un impôt de 250,000 fr.

Cette mesure ne serait point un sacrifice imposé à l'industrie vinicole : d'abord elle a par elle-même trop peu d'importance ; ensuite on ne peut admettre que les eaux-de-vie, qui paient un fret, supportent avec tous les frais commerciaux un coulage considérable , acquittent un droit de

3 fr. par velte, et se vendent néanmoins à 5 fr. la velte ou 65 cent. le litre ; on ne peut admettre , disons-nous, que de telles eaux-de-vie intéressent le produit de la vigne. Ce sont évidemment des eaux-de-vie de grains ou de pommes de terre de la plus basse qualité.

Quant aux eaux-de-vie de vin, elles ne sauraient être exclues par un droit de 5 fr. des tables où leur qualité les fait admettre.

L'industrie vinicole ne peut même manquer de trouver un avantage dans la mesure que nous réclamons.

L'usage des liqueurs fortes nuit à la consommation du vin ; le bas prix des eaux-de-vie suscite aux vins une concurrence que le goût et la passion sanctionnent et aggravent de plus en plus.

Au contraire la consommation du vin profitera de la retraite que feront les eaux-de-vie devant les rigueurs du tarif, et s'étendra sans danger pour la santé des consommateurs , pour l'ordre public et pour le trésor.

ARTICLE III.

Cet article du projet, relatif aux marchandises importées des établissements français de la côte occidentale d'Afrique, ne peut être d'aucune application à l'île Bourbon , et nous nous sommes déjà expliqués sur Madagascar et les contrées qui se trouvent à l'égard de Bourbon dans une position analogue à celle qu'occupe le Sénégal relativement aux Antilles

ARTICLE IV.

Cet article du projet paraît introduire une amélioration dans le régime des douanes, et néanmoins nous avons à faire, à ce sujet, deux observations importantes, qui s'appliquent aux Antilles aussi bien qu'à Bourbon.

La première est que l'affranchissement de tous droits ayant pour objet de favoriser la production en la dégrevant ne doit pas être restreint aux seules expéditions pour la France, mais à toute exportation par navire français. Ce n'est pas la consommation de la denrée par la France qui est le but de la fondation de la colonie ; mais c'est l'extension de la navigation et de son commerce. Ainsi, dès que la denrée coloniale est à bord d'un bâtiment français et entre les mains du commerce français, le but est atteint. Exiger que ce bâtiment aille en France plutôt qu'ailleurs, c'est mettre des entraves, non seulement à l'industrie spéciale des colonies, mais encore et surtout à l'industrie nationale elle-même.

Il n'y a donc pas de raison pour restreindre aux seules expéditions dirigées sur la France le dégrèvement prononcé par l'art. 4. Dans tous les cas le droit de 12 pour 100, qui à Bourbon frappe les sucres de basse qualité exportés pour l'étranger, doit paraître exorbitant, puisqu'il frappe une denrée qui est délaissée, qui est fort loin d'attein-

dre le prix moyen , et qui ne doit qu'à cette circonstance l'exception qui en permet l'exportation
à l'étranger.

La seconde observation est d'une extrême gra-
vité pour les colonies au point de vue légal et financier.

La loi de 1845, dans le départ qu'elle a fait des
diverses branches du revenu public , attribue les
droits de sortie au budget local.

Cette recette est pour l'île Bourbon portée à
600,000 fr. au budget de 1844 ; c'est environ le
quart du budget local. Si elle disparaît et si rien
ne la remplace, comment la colonie fera-t-elle ses
dépenses ?

Ce dégrèvement serait donc une grande amélioration, si l'impôt de consommation , qui se ré-
partit d'une manière plus générale, plus égale et
moins gênante, était augmenté dans la même
proportion.

Mais nous avons vu (art. 2) que le gouvernement propose aussi sur le droit d'entrée une réduction de 4 à 3 pour 100, réduction portée par la
commission de la chambre des députés, à 1/4 p. 100.

La métropole suppléera sans doute au droit
d'entrée, puisque les dépenses coloniales qu'elle
a prises à sa charge sont portées au budget général; mais si, par la suppression du droit de sortie,
le budget colonial présente un nouveau déficit à
côté de celui pour lequel on a déjà proposé à
Bourbon trois nouveaux impôts, la métropole in-

crira-t-elle au budget général une nouvelle portion des charges coloniales?

Voilà la difficulté au point de vue financier.

Au point de vue légal nous nous contenterons d'exposer que, si les lois peuvent annuellement ajouter ou retrancher aux attributions financières des pouvoirs coloniaux, c'est en vain qu'une loi organique a fait le départ de ces attributions. La loi de 1833 n'avait excepté des votes des législatures coloniales que trois sortes de dépenses dans le budget intérieur des colonies :

Le traitement du gouverneur ;

La solde du personnel de la justice ;

La solde du personnel des douanes.

La loi du 25 juin 1841 a étendu cette exception à presque toutes les dépenses du personnel ; quant aux recettes, elle en réserve au pouvoir législatif métropolitain la plus grande portion, et il ne reste aux colonies qu'une faible portion de leur budget intérieur sous le nom de budget du service local.

Aujourd'hui l'article 4 de la loi des douanes viendrait tarir subitement la ressource la plus abondante des recettes laissées aux colonies par la législation même de 1841.

Nous avouons ne voir aucune issue aux embarras d'un système aussi mobile.

Nous le répétons, la suppression du droit à la sortie qui frappe exclusivement la production serait un avantage, si le déficit était comblé par un impôt de consommation qui se répartît sur la généralité des habitants, et par conséquent fût moins sensible pour chacun.

Cette innovation si désirable aurait eu un plein et facile succès sous l'empire du droit fondé par la loi organique de 1833, parce que, sous l'empire de ce droit, si les colonies n'avaient pas le vote de toutes leurs recettes et de toutes leurs dépenses, elles avaient été laissées logiquement en possession de toutes leurs ressources pour faire face à l'ensemble de leurs charges.

Mais la loi de 1841 a rendu l'amélioration projetée impossible par la division d'un budget en deux parties que les nouvelles compétences législatives séparent et rendent étrangères l'un à l'autre. la nature des choses réclame l'union de ces deux parties en vue des compensations et des secours qu'elles peuvent et qu'elles doivent mutuellement se donner dans l'ensemble et dans l'unité d'un bon système financier.

Il est, à Bourbon, un produit colonial qui a joui de tout temps de la franchise et parfois d'une prime à l'exportation: c'est le rhum et l'arack. Il n'en est pas question dans le projet de loi ; mais nous croyons à propos d'appeler l'attention du gouvernement du roi sur un des plus grands vices de la loi guildivière: c'est qu'elle rend l'exportation du rhum à peu près impossible; l'impôt, comme on l'a vu, est extrêmement élevé, et il doit l'être pour protéger la colonie contre les désordres et les ravages de l'ivrognerie. Par la même raison l'exportation devrait être encouragée; car elle concourrait avec l'impôt au but qu'on se propose. Tout est à faire à cet égard. Il nous semble qu'il ne serait pas impossible d'établir un système de draw-back qui permît à cette denrée de se présenter sur les marchés extérieurs, où elle trouverait un grand et prompt débit, avec de bonnes garanties contre sa rentrée en fraude.

Le projet de loi ne fait pas mention des expéditions pour les ports étrangers; nous croyons que c'est une lacune, soit que la franchise proposée pour les expéditions à destination de la France doive être étendue à toutes les autres, soit qu'une différence doive être maintenue entre elles, contre l'opinion que nous avons déjà exprimée.

ARTICLE 5.

Droit de navigation.

La Commission n'a proposé aucun amendement à cet article, et le conseil des délégués, appelé à s'expliquer sur les besoins et les convenances de l'île Bourbon, n'a point d'observations à faire sur les distinctions ou les assimilations qui intéressent exclusivement le pavillon. Il croit néanmoins qu'il serait convenable de favoriser les bâtiments français venant de l'étranger quant au droit de tonnage et d'expédition, au lieu de les assimiler aux bâtiments étrangers eux-mêmes.

Nous ne dirons rien des droits d'entrepôt, de transbordement et d'emmagasinage, dont le projet ne parle pas. Le premier a été supprimé par arrêté du 5 juillet 1841; les autres sont d'une faible importance. Mais, à l'île Bourbon, l'entrée et la sortie des marchandises donnent lieu à la perception d'un autre droit dont le projet ne fait également aucune mention : c'est le droit de quai, lequel, réuni aux taxes accessoires de la navigation, égale presque en importance le droit de sortie; celui-ci est porté au budget de 1844 pour la somme de 250,000 fr., l'autre pour celle de 314,000 fr.

L'île Bourbon a toujours réclamé, depuis la loi du 25 juin 1841, l'attribution de cette nature de recette au budget local; le conseil des délégués interprète le silence de la loi dans un sens favorable à cette réclamation. Il serait bon qu'à cet égard, aussi bien qu'à l'égard des droits de sortie, en attendant la révision indispensable de la loi du 25 juin 1841, quelques explications du gouvernement consacrassent des droits jusqu'ici demeurés incertains.

A Paris, le 2 février 1844.

Le Rapporteur, Délégué de Bourbon,

Signé Dejean de La Batie.